TRANZLATY
Language is for everyone
Sproget er for alle

The Little Mermaid

Den Lille Havfrue

Hans Christian Andersen

English / Dansk

Copyright © 2023 Tranzlaty
All rights reserved.
Published by Tranzlaty
ISBN: 978-1-83566-949-5
Original text by Hans Christian Andersen
Den Lille Havfrue
First published in Danish in 1837
www.tranzlaty.com

The Sea King's Palace
Havkongens Palads

Far out in the ocean, where the water is blue
Langt ude i havet, hvor vandet er blåt
here the water is as blue as the prettiest cornflower
her er vandet så blåt som den smukkeste kornblomst
and the water is as clear as the purest crystal
og vandet er så klart som den reneste krystal
this water, far out in the ocean is very, very deep
dette vand, langt ude i havet, er meget, meget dybt
water so deep, indeed, that no cable could reach the bottom
vand så dybt, at intet kabel kunne nå bunden
you could pile many church steeples upon each other
man kunne stable mange kirketårne oven på hinanden
but all the churches could not reach the surface of the water
men alle kirkerne kunne ikke nå vandoverfladen
There dwell the Sea King and his subjects
Der bor havkongen og hans undersåtter
you might think it is just bare yellow sand at the bottom
du tror måske, at det bare er bart gult sand i bunden
but we must not imagine that there is nothing there
men vi må ikke forestille os, at der ikke er noget der
on this sand grow the strangest flowers and plants
på dette sand vokser de mærkeligste blomster og planter
and you can't imagine how pliant the leaves and stems are
og du kan ikke forestille dig, hvor bøjelige blade og stængler er
the slightest agitation of the water causes the leaves to stir
den mindste omrøring af vandet får bladene til at røre
it is as if each leaf had a life of its own
det er, som om hvert blad havde sit eget liv
Fishes, both large and small, glide between the branches
Fisk, både store og små, glider mellem grenene
just like when birds fly among the trees here upon land
ligesom når fugle flyver mellem træerne her på land

In the deepest spot of all stands a beautiful castle
I det dybeste sted af alle står et smukt slot
this beautiful castle is the castle of the Sea King
dette smukke slot er søkongens slot
the walls of the castle are built of coral
slottets mure er bygget af koraller
and the long Gothic windows are of the clearest amber
og de lange gotiske vinduer er af det klareste rav
The roof of the castle is formed of sea shells
Taget på slottet er dannet af muslingeskaller
and the shells open and close as the water flows over them
og skallerne åbner og lukker sig, når vandet flyder over dem
Their appearance is more beautiful than can be described
Deres udseende er smukkere, end det kan beskrives
within each shell there lies a glittering pearl
inden for hver skal ligger der en glitrende perle
and each pearl would be fit for the diadem of a queen
og hver perle ville passe til en dronnings diadem

The Sea King had been a widower for many years
Søkongen havde været enkemand i mange år
and his aged mother looked after the household for him
og hans gamle Moder tog sig af Husholdningen for ham
She was a very sensible woman
Hun var en meget fornuftig kvinde
but she was exceedingly proud of her royal birth
men hun var overordentlig stolt af sin kongelige fødsel
and on that account she wore twelve oysters on her tail
og derfor havde hun tolv østers på halen
others of high rank were only allowed to wear six oysters
andre af høj rang måtte kun bære seks østers
She was, however, deserving of very great praise
Hun fortjente dog meget stor ros
there was something she especially deserved praise for
der var noget hun især fortjente ros for
she took great care of the little sea princesses

hun tog sig meget af de små søprinsesser
she had six granddaughters that she loved
hun havde seks børnebørn, som hun elskede
all the sea princesses were beautiful children
alle søprinsesserne var smukke børn
but the youngest sea princess was the prettiest of them
men den yngste søprinsesse var den smukkeste af dem
Her skin was as clear and delicate as a rose leaf
Hendes hud var så klar og sart som et rosenblad
and her eyes were as blue as the deepest sea
og hendes øjne var så blå som det dybeste hav
but, like all the others, she had no feet
men som alle de andre havde hun ingen fødder
and at the end of her body was a fish's tail
og for enden af hendes krop var en fiskehale

All day long they played in the great halls of the castle
Hele dagen lang legede de i slottets store sale
out of the walls of the castle grew beautiful flowers
ud af slottets vægge voksede smukke blomster
and she loved to play among the living flowers
og hun elskede at lege blandt de levende blomster
The large amber windows were open, and the fish swam in
De store ravgule vinduer stod åbne, og fiskene svømmede ind
it is just like when we leave the windows open
det er ligesom når vi lader vinduerne stå åbne
and then the pretty swallows fly into our houses
og så flyver de smukke svaler ind i vores huse
only the fishes swam up to the princesses
kun fiskene svømmede op til prinsesserne
they were the only ones that ate out of her hands
de var de eneste, der spiste ud af hendes hænder
and they allowed themselves to be stroked by her
og de lod sig strøge af hende

Outside the castle there was a beautiful garden

Uden for slottet var der en smuk have
in the garden grew bright-red and dark-blue flowers
i haven voksede knaldrøde og mørkeblå blomster
and there grew blossoms like flames of fire
og der voksede blomster som ildflammer
the fruit on the plants glittered like gold
frugterne på planterne glimtede som guld
and the leaves and stems continually waved to and fro
og bladene og stilkene bølgede konstant frem og tilbage
The earth on the ground was the finest sand
Jorden på jorden var det fineste sand
but this sand does not have the colour of the sand we know
men dette sand har ikke farven som det sand, vi kender
this sand is as blue as the flame of burning sulphur
dette sand er så blåt som flammen af brændende svovl
Over everything lay a peculiar blue radiance
Over alt lå en ejendommelig blå udstråling
it is as if the blue sky were everywhere
det er, som om den blå himmel var overalt
the blue of the sky was above and below
himlens blå var over og under
In calm weather the sun could be seen
I stille vejr kunne solen ses
from here the sun looked like a reddish-purple flower
herfra lignede solen en rødlilla blomst
and the light streamed from the calyx of the flower
og lyset strømmede fra blomstens bæger

the palace garden was divided into several parts
slotshaven var opdelt i flere dele
Each of the princesses had their own little plot of ground
Hver af prinsesserne havde deres eget lille jordstykke
on this plot they could plant whatever flowers they pleased
på denne grund kunne de plante de blomster, de ville
one princess arranged her flower bed in the form of a whale
en prinsesse arrangerede sit blomsterbed i form af en hval

one princess arranged her flowers like a little mermaid
en prinsesse arrangerede sine blomster som en lille havfrue
and the youngest child made her garden round, like the sun
og det yngste barn lavede sin have rundt som solen
and in her garden grew beautiful red flowers
og i hendes have voksede smukke røde blomster
these flowers were as red as the rays of the sunset
disse blomster var så røde som solnedgangens stråler

She was a strange child; quiet and thoughtful
Hun var et mærkeligt barn; stille og betænksomt
her sisters showed delight at the wonderful things
hendes søstre viste glæde over de vidunderlige ting
the things they obtained from the wrecks of vessels
de ting, de fik fra vrag af fartøjer
but she cared only for her pretty red flowers
men hun tog sig kun af sine smukke røde blomster
although there was also a beautiful marble statue
selvom der også var en smuk marmorstatue
the statue was the representation of a handsome boy
statuen var en repræsentation af en smuk dreng
the boy had been carved out of pure white stone
drengen var skåret ud af ren hvid sten
and the statue had fallen to the bottom of the sea from a wreck
og statuen var faldet til bunden af havet fra et vrag
for this marble statue of a boy she cared about too
for denne marmorstatue af en dreng, som hun også holdt af

She planted, by the statue, a rose-colored weeping willow
Hun plantede, ved statuen, en rosafarvet grædende pil
and soon the weeping willow hung its fresh branches over the statue
og snart hang den grædende pil sine friske grene over statuen
the branches almost reached down to the blue sands
grenene nåede næsten ned til det blå sand

The shadows of the tree had the color of violet
Træets skygger havde farven violet
and the shadows waved to and fro like the branches
og skyggerne bølgede frem og tilbage som grenene
all of this created the most interesting illusion
alt dette skabte den mest interessante illusion
it was as if the crown of the tree and the roots were playing
det var, som om træets krone og rødderne spillede
it looked as if they were trying to kiss each other
det så ud som om de prøvede at kysse hinanden

her greatest pleasure was hearing about the world above
hendes største fornøjelse var at høre om verden ovenover
the world above the deep sea she lived in
verden over det dybe hav, hun levede i
She made her old grandmother tell her all about the upper world
Hun fik sin gamle bedstemor til at fortælle hende alt om den øvre verden
the ships and the towns, the people and the animals
skibene og byerne, menneskene og dyrene
up there the flowers of the land had fragrance
deroppe havde landets blomster duft
the flowers below the sea had no fragrance
blomsterne under havet havde ingen duft
up there the trees of the forest were green
deroppe var skovens træer grønne
and the fishes in the trees could sing beautifully
og fiskene i træerne kunne synge smukt
up there it was a pleasure to listen to the fish
deroppe var det en fornøjelse at lytte til fiskene
her grandmother called the birds fishes
hendes bedstemor kaldte fuglene for fisk
else the little mermaid would not have understood
ellers ville den lille havfrue ikke have forstået
because the little mermaid had never seen birds

fordi den lille havfrue aldrig havde set fugle

her grandmother told her about the rites of mermaids
hendes bedstemor fortalte hende om havfruernes ritualer
"one day you will reach your fifteenth year"
"en dag når du dit femtende år"
"then you will have permission to go to the surface"
"så har du tilladelse til at gå til overfladen"
"you will be able to sit on the rocks in the moonlight"
"du vil være i stand til at sidde på klipperne i måneskin"
"and you will see the great ships go sailing by"
"og du vil se de store skibe sejle forbi"
"Then you will see forests and towns and the people"
"Så vil du se skove og byer og mennesker"

the following year one of the sisters was going to be fifteen
året efter skulle en af søstrene fylde femten
but each sister was a year younger than the other
men hver søster var et år yngre end den anden
the youngest sister was going to have to wait five years
before her turn
den yngste søster skulle vente fem år, før hendes tur
only then could she rise up from the bottom of the ocean
først da kunne hun rejse sig fra havets bund
and only then could she see the earth as we do
og først da kunne hun se jorden, som vi gør
However, each of the sisters made each other a promise
Imidlertid gav hver af søstrene hinanden et løfte
they were going to tell the others what they had seen
de skulle fortælle de andre, hvad de havde set
Their grandmother could not tell them enough
Deres bedstemor kunne ikke fortælle dem nok
there were so many things they wanted to know about
der var så mange ting, de gerne ville vide om

the youngest sister longed for her turn the most

den yngste søster længtes mest efter sin tur
but, she had to wait longer than all the others
men hun måtte vente længere end alle de andre
and she was so quiet and thoughtful about the world
og hun var så stille og betænksom om verden
there were many nights where she stood by the open window
der var mange nætter, hvor hun stod ved det åbne vindue
and she looked up through the dark blue water
og hun så op gennem det mørkeblå vand
and she watched the fish as they splashed with their fins
og hun så på fiskene, mens de plaskede med deres finner
She could see the moon and stars shining faintly
Hun kunne se månen og stjernerne skinne svagt
but from deep below the water these things look different
men fra dybt under vandet ser disse ting anderledes ud
the moon and stars looked larger than they do to our eyes
månen og stjernerne så større ud, end de gør for vores øjne
sometimes, something like a black cloud went past
nogle gange gik noget som en sort sky forbi
she knew that it could be a whale swimming over her head
hun vidste, at det kunne være en hval, der svømmede over hendes hoved
or it could be a ship, full of human beings
eller det kunne være et skib, fyldt med mennesker
human beings who couldn't imagine what was under them
mennesker, der ikke kunne forestille sig, hvad der var under dem
a pretty little mermaid holding out her white hands
en smuk lille havfrue, der rækker sine hvide hænder frem
a pretty little mermaid reaching towards their ship
en smuk lille havfrue, der rækker ud mod deres skib

The Little Mermaid's Sisters
Den lille havfrues søstre

The day came when the eldest mermaid had her fifteenth birthday
Dagen kom, hvor den ældste havfrue havde femtende fødselsdag
now she was allowed to rise to the surface of the ocean
nu fik hun lov til at stige op til havets overflade
and that night she swum up to the surface
og den nat svømmede hun op til overfladen
you can imagine all the things she saw up there
du kan forestille dig alle de ting, hun så deroppe
and you can imagine all the things she had to talk about
og du kan forestille dig alle de ting, hun havde at tale om
But the finest thing, she said, was to lie on a sand bank
Men det fineste, sagde hun, var at ligge på en sandbanke
in the quiet moonlit sea, near the shore
i det stille måneskinne hav, nær kysten
from there she had gazed at the lights on the land
derfra havde hun stirret på lysene på landet
they were the lights of the near-by town
de var lysene i den nærliggende by
the lights had twinkled like hundreds of stars
lysene havde blinket som hundredvis af stjerner
she had listened to the sounds of music from the town
hun havde lyttet til lyden af musik fra byen
she had heard noise of carriages drawn by their horses
hun havde hørt larm fra vogne trukket af deres heste
and she had heard the voices of human beings
og hun havde hørt menneskers stemmer
and the had heard merry pealing of the bells
og de havde hørt muntre bjælder
the bells ringing in the church steeples
klokkerne ringer i kirketårnene
but she could not go near all these wonderful things

men hun kunne ikke komme i nærheden af alle disse vidunderlige ting
so she longed for these wonderful things all the more
så hun længtes så meget mere efter disse vidunderlige ting

you can imagine how eagerly the youngest sister listened
du kan forestille dig, hvor ivrigt den yngste søster lyttede
the descriptions of the upper world were like a dream
beskrivelserne af den øvre verden var som en drøm
afterwards she stood at the open window of her room
bagefter stod hun ved det åbne vindue på sit værelse
and she looked to the surface, through the dark-blue water
og hun så op til overfladen gennem det mørkeblå vand
she thought of the great city her sister had told her of
hun tænkte på den store by, hendes søster havde fortalt hende om
the great city with all its bustle and noise
den store by med al dens travlhed og larm
she even fancied she could hear the sound of the bells
hun troede endda, at hun kunne høre lyden af klokkerne
she imagined the sound of the bells carried to the depths of the sea
hun forestillede sig lyden af klokkerne, der blev båret til havets dyb

after another year the second sister had her birthday
efter endnu et år havde den anden søster fødselsdag
she too received permission to swim up to the surface
også hun fik tilladelse til at svømme op til overfladen
and from there she could swim about where she pleased
og derfra kunde hun svømme omkring, hvor hun lystede
She had gone to the surface just as the sun was setting
Hun var gået op til overfladen, lige da solen gik ned
this, she said, was the most beautiful sight of all
dette, sagde hun, var det smukkeste syn af alle
The whole sky looked like a disk of pure gold

Hele himlen lignede en skive af rent guld
and there were violet and rose-colored clouds
og der var violette og rosenfarvede skyer
they were too beautiful to describe, she said
de var for smukke til at beskrive, sagde hun
and she said how the clouds drifted across the sky
og hun sagde, hvordan skyerne drev hen over himlen
and something had flown by more swiftly than the clouds
og noget var fløjet hurtigere forbi end skyerne
a large flock of wild swans flew toward the setting sun
en stor flok vilde svaner fløj mod den nedgående sol
the swans had been like a long white veil across the sea
svanerne havde været som et langt hvidt slør hen over havet
She had also tried to swim towards the sun
Hun havde også forsøgt at svømme mod solen
but some distance away the sun sank into the waves
men et stykke derfra sank solen i bølgerne
she saw how the rosy tints faded from the clouds
hun så, hvordan de rosenrøde nuancer forsvandt fra skyerne
and she saw how the colour had also faded from the sea
og hun så, hvordan farven også var falmet fra havet

the next year it was the third sister's turn
året efter var det den tredje søsters tur
this sister was the most daring of all the sisters
denne søster var den mest vovede af alle søstrene
she swam up a broad river that emptied into the sea
hun svømmede op ad en bred flod, der løb ud i havet
On the banks of the river she saw green hills
På bredden af floden så hun grønne bakker
the green hills were covered with beautiful vines
de grønne bakker var dækket af smukke vinstokke
and on the hills there were forests of trees
og på bakkerne var der skove af træer
and out of the forests palaces and castles poked out
og ud af skovene stak paladser og slotte ud

She had heard birds singing in the trees
Hun havde hørt fugle synge i træerne
and she had felt the rays of the sun on her skin
og hun havde mærket solens stråler på sin hud
the rays were so strong that she had to dive back
strålerne var så stærke, at hun måtte dykke tilbage
and she cooled her burning face in the cool water
og hun afkølede sit brændende ansigt i det kølige vand
In a narrow creek she found a group of little children
I en smal å fandt hun en gruppe små børn
they were the first human children she had ever seen
de var de første menneskebørn, hun nogensinde havde set
She wanted to play with the children too
Hun ville også lege med børnene
but the children fled from her in a great fright
men børnene flygtede fra hende i stor forskrækkelse
and then a little black animal came to the water
og så kom der et lille sort dyr til vandet
it was a dog, but she did not know it was a dog
det var en hund, men hun vidste ikke, det var en hund
because she had never seen a dog before
fordi hun aldrig havde set en hund før
and the dog barked at the mermaid furiously
og hunden gøede rasende ad havfruen
she became frightened and rushed back to the open sea
hun blev bange og skyndte sig tilbage til det åbne hav
But she said she should never forget the beautiful forest
Men hun sagde, at hun aldrig skulle glemme den smukke skov
the green hills and the pretty children
de grønne bakker og de smukke børn
she found it exceptionally funny how they swam
hun fandt det usædvanligt sjovt, hvordan de svømmede
because the little human children didn't have tails
fordi de små menneskebørn ikke havde hale
so with their little legs they kicked the water

så med deres små ben sparkede de til vandet

The fourth sister was more timid than the last
Den fjerde søster var mere frygtsom end den sidste
She had decided to stay in the midst of the sea
Hun havde besluttet at blive midt i havet
but she said it was as beautiful there as nearer the land
men hun sagde, at der var ligesaa smukt der, som nærmere Landet
from the surface she could see many miles around her
fra overfladen kunne hun se mange kilometer rundt om sig
the sky above her looked like a bell of glass
himlen over hende lignede en glasklokke
and she had seen the ships sail by
og hun havde set skibene sejle forbi
but the ships were at a very great distance from her
men skibene lå i meget stor afstand fra hende
and, with their sails, the ships looked like sea gulls
og med deres sejl lignede skibene havmåger
she saw how the dolphins played in the waves
hun så, hvordan delfinerne legede i bølgerne
and great whales spouted water from their nostrils
og store hvaler sprøjtede vand ud af deres næsebor
like a hundred fountains all playing together
som hundrede springvand, der alle spiller sammen

The fifth sister's birthday occurred in the winter
Den femte søsters fødselsdag fandt sted om vinteren
so she saw things that the others had not seen
så hun så ting, som de andre ikke havde set
at this time of the year the sea looked green
på denne tid af året så havet grønt ud
large icebergs were floating on the green water
store isbjerge flød på det grønne vand
and each iceberg looked like a pearl, she said
og hvert isbjerg lignede en perle, sagde hun

but they were larger and loftier than the churches
men de var større og højere end kirkerne
and they were of the most interesting shapes
og de var af de mest interessante former
and each iceberg glittered like diamonds
og hvert isbjerg glitrede som diamanter
She had seated herself on one of the icebergs
Hun havde sat sig på et af isbjergene
and she let the wind play with her long hair
og hun lod vinden lege med hendes lange hår
She noticed something interesting about the ships
Hun lagde mærke til noget interessant ved skibene
all the ships sailed past the icebergs very rapidly
alle skibene sejlede meget hurtigt forbi isbjergene
and they steered away as far as they could
og de styrede væk, så langt de kunne
it was as if they were afraid of the iceberg
det var, som om de var bange for isbjerget
she stayed out at sea into the evening
hun blev ude på havet hen på aftenen
the sun went down and dark clouds covered the sky
solen gik ned og mørke skyer dækkede himlen
the thunder rolled across the ocean of icebergs
tordenen rullede hen over havet af isbjerge
and the flashes of lightning glowed red on the icebergs
og lynglimtene lyste rødt på isfjeldene
and the icebergs were tossed about by the heaving sea
og isfjeldene blev kastet om af det bølgende hav
the sails of all the ships were trembling with fear
alle skibenes sejl rystede af frygt
and the mermaid sat calmly on the floating iceberg
og havfruen sad roligt på det flydende isbjerg
and she watched the lightning strike into the sea
og hun så lynet slå ned i havet

All of her five older sisters had grown up now

Alle hendes fem ældre søstre var blevet voksne nu
therefore they could go to the surface when they pleased
derfor kunne de gå til overfladen, når de havde lyst
at first they were delighted with the surface world
først var de glade for overfladeverdenen
they couldn't get enough of the new and beautiful sights
de kunne ikke få nok af de nye og smukke seværdigheder
but eventually they all grew indifferent towards the upper world
men til sidst blev de alle ligeglade over for den øvre verden
and after a month they didn't visit the surface world much at all anymore
og efter en måned besøgte de slet ikke overfladeverdenen meget mere
they told their sister it was much more beautiful at home
de fortalte deres søster, at det var meget smukkere derhjemme

Yet often, in the evening hours, they did go up
Alligevel gik de ofte op i aftentimerne
the five sisters twined their arms round each other
de fem søstre snoede deres arme om hinanden
and together, arm in arm, they rose to the surface
og sammen, arm i arm, steg de op til overfladen
often they went up when there was a storm approaching
ofte gik de op, når der var en storm på vej
they feared that the storm might win a ship
de frygtede, at stormen kunne vinde et skib
so they swam to the vessel and sung to the sailors
så de svømmede hen til fartøjet og sang for sømændene
Their voices were more charming than that of any human
Deres stemmer var mere charmerende end noget menneskes
and they begged the voyagers not to fear if they sank
og de bad de rejsende ikke frygte, hvis de sank
because the depths of the sea was full of delights
fordi havets dyb var fuld af lyster
But the sailors could not understand their songs

Men sømændene kunne ikke forstå deres sange
and they thought their singing was the sighing of the storm
og de troede, at deres sang var stormens sukken
therefore their songs were never beautiful to the sailors
derfor var deres sange aldrig smukke for sømændene
because if the ship sank the men would drown
for hvis skibet sank, ville mændene drukne
the dead gained nothing from the palace of the Sea King
de døde fik intet af Søkongens palads
but their youngest sister was left at the bottom of the sea
men deres yngste søster blev efterladt på bunden af havet
looking up at them, she was ready to cry
hun så op på dem, var klar til at græde
you should know mermaids have no tears that they can cry
du skal vide, at havfruer ikke har nogen tårer, så de kan græde
so her pain and suffering was more acute than ours
så hendes smerte og lidelse var mere akut end vores
"Oh, I wish I was also fifteen years old!" said she
"Åh, jeg ville ønske, jeg også var femten år!" sagde hun
"I know that I shall love the world up there"
"Jeg ved, at jeg vil elske verden deroppe"
"and I shall love all the people who live in that world"
"og jeg vil elske alle de mennesker, der lever i den verden"

The Little Mermaid's Birthday
Den lille Havfrues fødselsdag

but, at last, she too reached her fifteenth birthday
men endelig nåede hun også sin femtende fødselsdag
"Well, now you are grown up," said her grandmother
"Nå, nu er du blevet voksen," sagde hendes bedstemor
"Come, and let me adorn you like your sisters"
"Kom og lad mig pryde dig som dine søstre"
And she placed a wreath of white lilies in her hair
Og hun lagde en krans af hvide liljer i håret
every petal of the lilies was half a pearl
hvert kronblad af liljerne var en halv perle
Then, the old lady ordered eight great oysters to come
Så beordrede den gamle dame otte store østers til at komme
the oysters attached themselves to the tail of the princess
østersene fæstede sig til prinsessens hale
under the sea oysters are used to show your rank
under havet bruges østers til at vise din rang
"But the oysters hurt me so," said the little mermaid
"Men østersene gjorde mig så ondt," sagde den lille havfrue
"Yes, I know oysters hurt," replied the old lady
"Ja, jeg ved, at østers gør ondt," svarede den gamle dame
"but you know very well that pride must suffer pain"
"men du ved godt, at stolthed må lide smerte"
how gladly she would have shaken off all this grandeur
hvor glad hun ville have rystet al denne storhed af sig
she would have loved to lay aside the heavy wreath!
hun ville elske at lægge den tunge krans til side!
she thought of the red flowers in her own garden
hun tænkte på de røde blomster i sin egen have
the red flowers would have suited her much better
de røde blomster ville have passet hende meget bedre
But she could not change herself into something else
Men hun kunne ikke ændre sig til noget andet
so she said farewell to her grandmother and sisters

så hun sagde farvel til sin bedstemor og søstre
and, as lightly as a bubble, she rose to the surface
og så let som en boble rejste hun sig op til overfladen

The sun had just set when she raised her head above the waves
Solen var lige gået ned, da hun løftede hovedet over bølgerne
The clouds were tinted with crimson and gold from the sunset
Skyerne var tonet med karmosinrødt og guld fra solnedgangen
and through the glimmering twilight beamed the evening star
og gennem det glitrende tusmørke strålede aftenstjernen
The sea was calm, and the sea air was mild and fresh
Havet var roligt, og havluften var mild og frisk
A large ship with three masts lay lay calmly on the water
Et stort skib med tre master lå roligt på vandet
only one sail was set, for not a breeze stirred
kun ét sejl blev sat, for ikke en brise rørte sig
and the sailors sat idle on deck, or amidst the rigging
og sømændene sad ledige på dækket eller midt i rigningen
There was music and songs on board of the ship
Der var musik og sange om bord på skibet
as darkness came a hundred colored lanterns were lighted
da mørket kom, blev hundrede farvede lanterner tændt
it was as if the flags of all nations waved in the air
det var, som om alle nationers flag vajede i luften

The little mermaid swam close to the cabin windows
Den lille havfrue svømmede tæt på kahytsvinduerne
now and then the waves of the sea lifted her up
nu og da løftede havets bølger hende op
she could look in through the glass window-panes
hun kunne se ind gennem ruderne
and she could see a number of curiously dressed people

og hun kunne se en række nysgerrigt klædte mennesker
Among the people she could see there was a young prince
Blandt de mennesker, hun kunne se, var der en ung prins
the prince was the most beautiful of them all
prinsen var den smukkeste af dem alle
she had never seen anyone with such beautiful eyes
hun havde aldrig set nogen med så smukke øjne
it was the celebration of his sixteenth birthday
det var fejringen af hans sekstende fødselsdag
The sailors were dancing on the deck of the ship
Sømændene dansede på skibets dæk
all cheered when the prince came out of the cabin
alle jublede, da prinsen kom ud af kahytten
and more than a hundred rockets rose into the air
og mere end hundrede raketter steg op i luften
for some time the fireworks made the sky as bright as day
i nogen tid gjorde fyrværkeriet himlen så lys som dagen
of course our young mermaid had never seen fireworks before
selvfølgelig havde vores unge havfrue aldrig set fyrværkeri før
startled by all the noise, she went back under the water
forskrækket over al larmen gik hun tilbage under vandet
but soon she again stretched out her head
men snart rakte hun igen Hovedet ud
it was as if all the stars of heaven were falling around her
det var, som om alle himlens stjerner faldt omkring hende
splendid fireflies flew up into the blue air
pragtfulde ildfluer fløj op i den blå luft
and everything was reflected in the clear, calm sea
og alt spejlede sig i det klare, stille hav
The ship itself was brightly illuminated by all the light
Selve skibet var stærkt oplyst af alt lyset
she could see all the people and even the smallest rope
hun kunne se alle mennesker og selv det mindste reb

How handsome the young prince looked thanking his guests!
Hvor så den unge prins smuk ud, da han takkede sine gæster!
and the music resounded through the clear night air!
og musikken rungede gennem den klare natteluft!

the birthday celebrations lasted late into the night
fødselsdagsfejringerne varede langt ud på natten
but the little mermaid could not take her eyes from the ship
men den lille havfrue kunne ikke tage øjnene fra skibet
nor could she take her eyes from the beautiful prince
hun kunne heller ikke tage øjnene fra den smukke prins
The colored lanterns had now been extinguished
De farvede lanterner var nu slukket
and there were no more rockets that rose into the air
og der var ikke flere raketter, der steg op i luften
the cannon of the ship had also ceased firing
skibets kanon var også holdt op med at skyde
but now it was the sea that became restless
men nu var det havet, der blev uroligt
a moaning, grumbling sound could be heard beneath the waves
en stønnende, brokkende lyd kunne høres under bølgerne
and yet, the little mermaid remained by the cabin window
og dog blev den lille havfrue ved kahytsvinduet
she was rocking up and down on the water
hun vuggede op og ned på vandet
so that she could keep looking into the ship
så hun kunne blive ved med at se ind i skibet
After a while the sails were quickly set
Efter et stykke tid blev sejlene hurtigt sat
and the ship went on her way back to port
og skibet gik på vej tilbage til havn

But soon the waves rose higher and higher
Men snart steg bølgerne højere og højere

dark, heavy clouds darkened the night sky
mørke, tunge skyer formørkede nattehimlen
and there appeared flashes of lightning in the distance
og der kom lynglimt i det fjerne
not far away a dreadful storm was approaching
ikke langt derfra nærmede sig en frygtelig storm
Once more the sails were lowered against the wind
Endnu en gang blev sejlene sænket mod vinden
and the great ship pursued her course over the raging sea
og det store skib fulgte sin kurs over det rasende hav
The waves rose as high as the mountains
Bølgerne steg lige så højt som bjergene
one would have thought the waves were going to have the ship
man skulle have troet, at bølgerne skulle have skibet
but the ship dived like a swan between the waves
men skibet dykkede som en svane mellem bølgerne
then she rose again on their lofty, foaming crests
så rejste hun sig igen på deres høje, frådende tårne
To the little mermaid this was pleasant to watch
For den lille havfrue var dette behageligt at se
but it was not pleasant for the sailors
men det var ikke behageligt for søfolkene
the ship made awful groaning and creaking sounds
skibet lavede forfærdelige stønnende og knirkende lyde
and the waves broke over the deck of the ship again and again
og bølgerne brød over skibets dæk igen og igen
the thick planks gave way under the lashing of the sea
de tykke planker gav efter under havets surring
under the pressure the mainmast snapped asunder, like a reed
under trykket knækkede stormasten som et siv
and, as the ship lay over on her side, the water rushed in
og da skibet lagde sig over på hendes side, strømmede vandet ind

The little mermaid realized that the crew were in danger
Den lille havfrue indså, at besætningen var i fare
her own situation wasn't without danger either
hendes egen situation var heller ikke uden fare
she had to avoid the beams and planks scattered in the water
hun måtte undgå de bjælker og planker, der var spredt i vandet
for a moment everything turned into complete darkness
for et øjeblik blev alt til fuldstændig mørke
and the little mermaid could not see where she was
og den lille havfrue kunne ikke se, hvor hun var
but then a flash of lightning revealed the whole scene
men så afslørede et lyn hele scenen
she could see everyone was still on board of the ship
hun kunne se, at alle stadig var om bord på skibet
well, everyone was on board of the ship, except the prince
godt, alle var om bord på skibet, undtagen prinsen
the ship continued on its path to the land
skibet fortsatte på sin vej mod landet
and she saw the prince sink into the deep waves
og hun så prinsen synke ned i de dybe bølger
for a moment this made her happier than it should have
et øjeblik gjorde dette hende gladere, end det burde have været
now that he was in the sea she could be with him
nu da han var i havet, kunne hun være hos ham
Then she remembered the limits of human beings
Så huskede hun menneskets grænser
the people of the land cannot live in the water
landets folk kan ikke leve i vandet
if he got to the palace he would already be dead
hvis han kom til paladset, ville han allerede være død
"No, he must not die!" she decided
"Nej, han må ikke dø!" besluttede hun sig
she forget any concern for her own safety
hun glemmer enhver bekymring for sin egen sikkerhed

and she swam through the beams and planks
og hun svømmede gennem bjælkerne og plankerne
two beams could easily crush her to pieces
to bjælker kunne let knuse hende i stykker
she dove deep under the dark waters
hun duede dybt under det mørke vand
everything rose and fell with the waves
alt rejste sig og faldt med bølgerne
finally, she managed to reach the young prince
endelig lykkedes det hende at nå den unge prins
he was fast losing the power to swim in the stormy sea
han var hurtigt ved at miste kraften til at svømme i det stormfulde hav
His limbs were starting to fail him
Hans lemmer begyndte at svigte ham
and his beautiful eyes were closed
og hans smukke øjne var lukkede
he would have died had the little mermaid not come
han ville være død, hvis den lille havfrue ikke var kommet
She held his head above the water
Hun holdt hans hoved over vandet
and she let the waves carry them where they wanted
og hun lod bølgerne føre dem, hvorhen de ville

In the morning the storm had ceased
Om morgenen var stormen ophørt
but of the ship not a single fragment could be seen
men af skibet kunne ikke ses et eneste fragment
The sun came up, red and shining, out of the water
Solen kom frem, rød og skinnende, op af vandet
the sun's beams had a healing effect on the prince
solens stråler havde en helbredende virkning på prinsen
the hue of health returned to the prince's cheeks
sundhedens nuance vendte tilbage til prinsens kinder
but despite the sun, his eyes remained closed
men trods solen forblev hans øjne lukkede

The mermaid kissed his high, smooth forehead
Havfruen kyssede hans høje, glatte pande
and she stroked back his wet hair
og hun strøg hans våde hår tilbage
He seemed to her like the marble statue in her garden
Han forekom hende som marmorstatuen i hendes have
so she kissed him again, and wished that he lived
så hun kyssede ham igen og ønskede, at han levede

Presently, they came in sight of land
Lige nu kom de i syne af land
and she saw lofty blue mountains on the horizon
og hun så høje blå bjerge i horisonten
on top of the mountains the white snow rested
på toppen af bjergene hvilede den hvide sne
as if a flock of swans were lying upon the mountains
som om en flok svaner lå på bjergene
Beautiful green forests were near the shore
Smukke grønne skove var tæt på kysten
and close by there stood a large building
og tæt ved der stod en stor bygning
it could have been a church or a convent
det kunne have været en kirke eller et kloster
but she was still too far away to be sure
men hun var stadig for langt væk til at være sikker
Orange and citron trees grew in the garden
Der voksede appelsin- og citrontræer i haven
and before the door stood lofty palms
og foran døren stod høje håndflader
The sea here formed a little bay
Havet her dannede en lille bugt
in the bay the water lay quiet and still
i bugten lå vandet stille og stille
but although the water was still, it was very deep
men skønt vandet var stille, var det meget dybt
She swam with the handsome prince to the beach

Hun svømmede med den smukke prins til stranden
the beach was covered with fine white sand
stranden var dækket af fint hvidt sand
and on the sand she laid him in the warm sunshine
og på sandet lagde hun ham i det varme solskin
she took care to raise his head higher than his body
hun sørgede for at løfte hans hoved højere end hans krop
Then bells sounded from the large white building
Så lød klokker fra den store hvide bygning
some young girls came into the garden
nogle unge piger kom ind i haven
The little mermaid swam out farther from the shore
Den lille havfrue svømmede længere ud fra kysten
she hid herself among some high rocks in the water
hun gemte sig blandt nogle høje sten i vandet
she covered her head and neck with the foam of the sea
hun dækkede sit hoved og sin hals med havets skum
and she watched to see what would become of the poor prince
og hun så på, hvad der ville blive af den stakkels prins

It was not long before she saw a young girl approach
Det varede ikke længe, før hun så en ung pige nærme sig
the young girl seemed frightened, at first
den unge pige virkede først bange
but her fear only lasted for a moment
men hendes frygt varede kun et øjeblik
then she brought over a number of people
så bragte hun en del mennesker over
and the mermaid saw that the prince came to life again
og havfruen så, at prinsen blev levende igen
he smiled upon those who stood around him
han smilede til dem, der stod omkring ham
But to the little mermaid the prince sent no smile
Men til den lille havfrue sendte prinsen intet smil
he knew not that it was her who had saved him

han vidste ikke, at det var hende, der havde reddet ham
This made the little mermaid very sorrowful
Dette gjorde den lille havfrue meget bedrøvet
and then he was led away into the great building
og så blev han ført bort i den store bygning
and the little mermaid dived down into the water
og den lille havfrue dykkede ned i vandet
and she returned to her father's castle
og hun vendte tilbage til sin fars borg

The Little Mermaid Longs for the Upper World
Den lille havfrue længes efter den øvre verden

She had always been the most silent and thoughtful of the sisters
Hun havde altid været den mest tavse og betænksomme af søstrene
and now she was more silent and thoughtful than ever
og nu var hun mere tavs og betænksom end nogensinde
Her sisters asked her what she had seen on her first visit
Hendes søstre spurgte hende, hvad hun havde set ved sit første besøg
but she could tell them nothing of what she had seen
men hun kunde intet fortælle dem om, hvad hun havde set
Many an evening and morning she returned to the surface
Mange en aften og morgen vendte hun tilbage til overfladen
and she went to the place where she had left the prince
og hun gik hen til det sted, hvor hun havde efterladt prinsen
She saw the fruits in the garden ripen
Hun så frugterne i haven modne
and she watched the fruits gathered from their trees
og hun iagttog frugterne samlet fra deres træer
she watched the snow on the mountain tops melt away
hun så sneen på bjergtoppene smelte væk
but on none of her visits did she see the prince again
men ved ingen af sine besøg så hun prinsen igen
and therefore she always returned more sorrowful than when she left
og derfor vendte hun altid mere bedrøvet tilbage, end da hun gik

her only comfort was sitting in her own little garden
hendes eneste trøst var at sidde i hendes egen lille have
she flung her arms around the beautiful marble statue
hun slog armene rundt om den smukke marmorstatue
the statue which looked just like the prince

statuen, der lignede prinsen
She had given up tending to her flowers
Hun havde opgivet at passe sine blomster
and her garden grew in wild confusion
og hendes have voksede i vild forvirring
they twinied the long leaves and stems of the flowers around the trees
de snoede de lange blade og stilke af blomsterne rundt om træerne
so that the whole garden became dark and gloomy
så hele haven blev mørk og dyster

eventually she could bear the pain no longer
til sidst kunne hun ikke holde smerten ud længere
and she told one of her sisters all that had happened
og hun fortalte en af sine søstre alt, hvad der var sket
soon the other sisters heard the secret
snart hørte de andre søstre hemmeligheden
and very soon her secret became known to several maids
og meget snart blev hendes hemmelighed kendt af flere tjenestepiger
one of the maids had a friend who knew about the prince
en af tjenestepigerne havde en ven, der kendte til prinsen
She had also seen the festival on board the ship
Hun havde også set festivalen om bord på skibet
and she told them where the prince came from
og hun fortalte dem, hvor prinsen kom fra
and she told them where his palace stood
og hun fortalte dem, hvor hans palads stod

"**Come, little sister," said the other princesses**
"Kom, lillesøster," sagde de andre prinsesser
they entwined their arms and rose up together
de flettede deres arme og rejste sig sammen
they went near to where the prince's palace stood
de gik tæt på, hvor prinsens palads stod

the palace was built of bright-yellow, shining stone
paladset var bygget af lys-gule, skinnende sten
and the palace had long flights of marble steps
og paladset havde lange trapper af marmor
one of the flights of steps reached down to the sea
en af trapperne nåede ned til havet
Splendid gilded cupolas rose over the roof
Pragtfulde forgyldte kupler rejste sig over taget
the whole building was surrounded by pillars
hele bygningen var omgivet af søjler
and between the pillars stood lifelike statues of marble
og mellem søjlerne stod naturtro statuer af marmor
they could see through the clear crystal of the windows
de kunne se gennem vinduernes klare krystal
and they could look into the noble rooms
og de kunne se ind i de adelige værelser
costly silk curtains and tapestries hung from the ceiling
kostbare silkegardiner og gobeliner hang fra loftet
and the walls were covered with beautiful paintings
og væggene var dækket af smukke malerier
In the centre of the largest salon was a fountain
I midten af den største salon var der et springvand
the fountain threw its sparkling jets high up
springvandet kastede sine funklende stråler højt op
the water splashed onto the glass cupola of the ceiling
vandet sprøjtede på loftets glaskuppel
and the sun shone in through the water
og solen skinnede ind gennem vandet
and the water splashed on the plants around the fountain
og vandet sprøjtede på planterne omkring springvandet

Now the little mermaid knew where the prince lived
Nu vidste den lille havfrue, hvor prinsen boede
so she spent many a night in those waters
så hun tilbragte mange nætter i disse farvande
she got more courageous than her sisters had been

hun blev modigere, end hendes søstre havde været
and she swam much nearer the shore than they had
og hun svømmede meget nærmere kysten, end de havde
once she went up the narrow channel, under the marble balcony
engang gik hun op ad den smalle kanal, under marmorbalkonen
the balcony threw a broad shadow on the water
altanen kastede en bred skygge på vandet
Here she sat and watched the young prince
Her sad hun og så på den unge prins
he, of course, thought he was alone in the bright moonlight
han troede selvfølgelig, at han var alene i det skarpe måneskin

She often saw him in the evenings, sailing in a beautiful boat
Hun så ham ofte om aftenen sejle i en smuk båd
music sounded from the boat and the flags waved
musik lød fra båden og flagene vajede
She peeped out from among the green rushes
Hun kiggede ud blandt de grønne siv
at times the wind caught her long silvery-white veil
til tider fangede vinden hendes lange sølvhvide slør
those who saw her veil believed it to be a swan
de, der så hendes slør, troede, at det var en svane
her veil had all the appearance of a swan spreading its wings
hendes slør havde hele udseendet af en svane, der spredte sine vinger

Many a night, too, she watched the fishermen set their nets
Også mange aftener så hun fiskerne sætte deres garn
they cast their nets in the light of their torches
de kastede deres net i lyset af deres fakler
and she heard them tell many good things about the prince
og hun hørte dem fortælle mange gode ting om prinsen
this made her glad that she had saved his life

det gjorde hende glad for, at hun havde reddet hans liv
when he was tossed around half dead on the waves
da han blev kastet rundt halvdød på bølgerne
She remembered how his head had rested on her bosom
Hun huskede, hvordan hans hoved havde hvilet på hendes barm
and she remembered how heartily she had kissed him
og hun huskede, hvor inderligt hun havde kysset ham
but he knew nothing of all that had happened
men han vidste intet om alt det, der var sket
the young prince could not even dream of the little mermaid
den unge prins kunne ikke engang drømme om den lille havfrue

She grew to like human beings more and more
Hun voksede til at kunne lide mennesker mere og mere
she wished more and more to be able to wander their world
hun ønskede mere og mere at kunne vandre i deres verden
their world seemed to be so much larger than her own
deres verden syntes at være så meget større end hendes egen
They could fly over the sea in ships
De kunne flyve over havet i skibe
and they could mount the high hills far above the clouds
og de kunne bestige de høje bakker langt over skyerne
in their lands they possessed woods and fields
i deres lande ejede de skove og marker
the greenery stretched beyond the reach of her sight
det grønne strakte sig uden for hendes synsvidde
There was so much that she wished to know!
Der var så meget, hun gerne ville vide!
but her sisters were unable to answer all her questions
men hendes søstre var ude af stand til at svare på alle hendes spørgsmål
She then went to her old grandmother for answers
Så gik hun til sin gamle bedstemor for at få svar
her grandmother knew all about the upper world

hendes bedstemor vidste alt om den øvre verden
she rightly called this world "the lands above the sea"
hun kaldte med rette denne verden "landene over havet"

"If human beings are not drowned, can they live forever?"
"Hvis mennesker ikke druknes, kan de så leve for evigt?"
"Do they never die, as we do here in the sea?"
"Dør de aldrig, som vi gør her i havet?"
"Yes, they die too," replied the old lady
"Ja, de dør også," svarede den gamle dame
"like us, they must also die," added her grandmother
"Ligesom os skal de også dø," tilføjede hendes bedstemor
"and their lives are even shorter than ours"
"og deres liv er endnu kortere end vores"
"We sometimes live for three hundred years"
"Vi lever nogle gange i tre hundrede år"
"but when we cease to exist here we become foam"
"men når vi holder op med at eksistere her, bliver vi skum"
"and we float on the surface of the water"
"og vi flyder på overfladen af vandet"
"we do not have graves for those we love"
"vi har ikke grave for dem vi elsker"
"and we have not immortal souls"
"og vi har ikke udødelige sjæle"
"after we die we shall never live again"
"efter vi dør, vil vi aldrig leve igen"
"like the green seaweed, once it has been cut off"
"som den grønne tang, når den først er blevet skåret af"
"after we die, we can never flourish again"
"efter vi dør, kan vi aldrig blomstre igen"
"Human beings, on the contrary, have souls"
"Mennesker har tværtimod sjæle"
"even after they're dead their souls live forever"
"selv efter at de er døde, lever deres sjæle for evigt"
"when we die our bodies turn to foam"
"Når vi dør bliver vores kroppe til skum"

"when they die their bodies turn to dust"
"når de dør bliver deres kroppe til støv"
"when we die we rise through the clear, blue water"
"når vi dør stiger vi op gennem det klare, blå vand"
"when they die they rise up through the clear, pure air"
"når de dør, stiger de op gennem den klare, rene luft"
"when we die we float no further than the surface"
"når vi dør flyder vi ikke længere end til overfladen"
"but when they die they go beyond the glittering stars"
"men når de dør, går de ud over de glitrende stjerner"
"we rise out of the water to the surface"
"vi stiger op af vandet til overfladen"
"and we behold all the land of the earth"
"og vi ser hele jordens land"
"they rise to unknown and glorious regions"
"de rejser sig til ukendte og herlige regioner"
"glorious and unknown regions which we shall never see"
"herlige og ukendte regioner, som vi aldrig vil se"
the little mermaid mourned her lack of a soul
den lille havfrue sørgede over sin mangel på sjæl
"Why have not we immortal souls?" asked the little mermaid
"Hvorfor har vi ikke udødelige sjæle?" spurgte den lille havfrue
"I would gladly give all the hundreds of years that I have"
"Jeg vil med glæde give alle de hundreder af år, jeg har"
"I would trade it all to be a human being for one day"
"Jeg ville bytte det hele til at være et menneske for en dag"
"I can not imagine the hope of knowing such happiness"
"Jeg kan ikke forestille mig håbet om at kende sådan en lykke"
"the happiness of that glorious world above the stars"
"lykken i den herlige verden over stjernerne"
"You must not think that way," said the old woman
"Sådan skal du ikke tænke," sagde den gamle kone
"We believe that we are much happier than the humans"
"Vi tror på, at vi er meget lykkeligere end mennesker"
"and we believe we are much better off than human beings"

"og vi tror på, at vi er meget bedre stillet end mennesker"

"So I shall die," said the little mermaid
"Så jeg skal dø," sagde den lille havfrue
"being the foam of the sea, I shall be washed about"
"som havets skum, vil jeg blive vasket om"
"never again will I hear the music of the waves"
"aldrig mere vil jeg høre bølgernes musik"
"never again will I see the pretty flowers"
"aldrig mere vil jeg se de smukke blomster"
"nor will I ever again see the red sun"
"Jeg vil aldrig mere se den røde sol"
"Is there anything I can do to win an immortal soul?"
"Er der noget, jeg kan gøre for at vinde en udødelig sjæl?"
"No," said the old woman, "unless..."
"Nej," sagde den gamle kone, "medmindre..."
"there is just one way to gain a soul"
"der er kun én måde at få en sjæl på"
"a man has to love you more than he loves his father and mother"
"en mand skal elske dig mere, end han elsker sin far og mor"
"all his thoughts and love must be fixed upon you"
"alle hans tanker og kærlighed skal være rettet mod dig"
"he has to promise to be true to you here and hereafter"
"han skal love at være tro mod dig her og herefter"
"the priest has to place his right hand in yours"
"præsten skal lægge sin højre hånd i din"
"then your man's soul would glide into your body"
"så ville din mands sjæl glide ind i din krop"
"you would get a share in the future happiness of mankind"
"du ville få del i menneskehedens fremtidige lykke"
"He would give to you a soul and retain his own as well"
"Han ville give dig en sjæl og også beholde sin egen"
"but it is impossible for this to ever happen"
"men det er umuligt for dette nogensinde at ske"
"Your fish's tail, among us, is considered beautiful"

"Din fisks hale, blandt os, betragtes som smuk"
"but on earth your fish's tail is considered ugly"
"men på jorden anses din fisks hale for grim"
"The humans do not know any better"
"Mennesket ved ikke bedre"
"their standard of beauty is having two stout props"
"deres skønhedsstandard er at have to kraftige rekvisitter"
"these two stout props they call their legs"
"disse to kraftige rekvisitter kalder de deres ben"
The little mermaid sighed at what appeared to be her destiny
Den lille havfrue sukkede over, hvad der så ud til at være hendes skæbne
and she looked sorrowfully at her fish's tail
og hun så bedrøvet på sin fiskehale
"Let us be happy with what we have," said the old lady
"Lad os være glade for det, vi har," sagde den gamle dame
"let us dart and spring about for the three hundred years"
"lad os springe og springe omkring i de tre hundrede år"
"and three hundred years really is quite long enough"
"og tre hundrede år er virkelig længe nok"
"After that we can rest ourselves all the better"
"Derefter kan vi hvile os desto bedre"
"This evening we are going to have a court ball"
"I aften skal vi holde banebal"

It was one of those splendid sights we can never see on earth
Det var en af de pragtfulde seværdigheder, vi aldrig kan se på jorden
the court ball took place in a large ballroom
baneballet foregik i en stor balsal
The walls and the ceiling were of thick transparent crystal
Væggene og loftet var af tyk gennemsigtig krystal
Many hundreds of colossal sea shells stood in rows on each side

Mange hundrede kolossale havskaller stod i rækker på hver side
some of the sea shells were deep red, others were grass green
nogle af havskallerne var dybrøde, andre var græsgrønne
and each of the sea shells had a blue fire in it
og hver af havskallene havde en blå ild i sig
These fires lighted up the whole salon and the dancers
Disse bål oplyste hele salonen og danserne
and the sea shells shone out through the walls
og havets skaller lyste ud gennem væggene
so that the sea was also illuminated by their light
så havet også blev oplyst af deres lys
Innumerable fishes, great and small, swam past
Utallige fisk, store og små, svømmede forbi
some of the fishes scales glowed with a purple brilliance
nogle af fiskeskællene glødede med en lilla glans
and other fishes shone like silver and gold
og andre fisk skinnede som sølv og guld
Through the halls flowed a broad stream
Gennem hallerne flød en bred strøm
and in the stream danced the mermen and the mermaids
og i åen dansede havmændene og havfruerne
they danced to the music of their own sweet singing
de dansede til musikken af deres egen søde sang

No one on earth has such lovely voices as they
Ingen på jorden har så dejlige stemmer som dem
but the little mermaid sang more sweetly than all
men den lille havfrue sang sødere end alle andre
The whole court applauded her with hands and tails
Hele retten klappede hende med hænder og hale
and for a moment her heart felt quite happy
og et øjeblik føltes hendes hjerte ganske lykkeligt
because she knew she had the sweetest voice in the sea
fordi hun vidste, at hun havde den sødeste stemme i havet
and she knew she had the sweetest voice on land

og hun vidste, at hun havde den sødeste stemme på land
But soon she thought again of the world above her
Men snart tænkte hun igen på verden over hende
she could not forget the charming prince
hun kunne ikke glemme den charmerende prins
it reminded her that he had an immortal soul
det mindede hende om, at han havde en udødelig sjæl
and she could not forget that she had no immortal soul
og hun kunne ikke glemme, at hun ikke havde nogen udødelig sjæl
She crept away silently out of her father's palace
Hun krøb lydløst væk fra sin fars palads
everything within was full of gladness and song
alt indeni var fuld af glæde og sang
but she sat in her own little garden, sorrowful and alone
men hun sad i sin egen lille have, bedrøvet og alene
Then she heard the bugle sounding through the water
Så hørte hun buglen lyde gennem vandet
and she thought, "He is certainly sailing above"
og hun tænkte: "Han sejler bestemt ovenover"
"he, the beautiful prince, in whom my wishes centre"
"han, den smukke prins, i hvem mine ønsker er centreret"
"he, in whose hands I should like to place my happiness"
"han, i hvis hænder jeg gerne vil lægge min lykke"
"I will venture all for him to win an immortal soul"
"Jeg vil vove alt for, at han vinder en udødelig sjæl"
"my sisters are dancing in my father's palace"
"mine søstre danser i min fars palads"
"but I will go to the sea witch"
"men jeg vil gå til havheksen"
"the sea witch of whom I have always been so afraid"
"havheksen, som jeg altid har været så bange for"
"but the sea witch can give me counsel, and help"
"men havheksen kan give mig råd og hjælpe"

The Sea Witch
Havheksen

Then the little mermaid went out from her garden
Så gik den lille havfrue ud af sin have
and she took the path to the foaming whirlpools
og hun tog vejen til de frådende hvirvler
behind the foaming whirlpools the sorceress lived
bag de frådende hvirvler boede troldkvinden
the little mermaid had never gone that way before
den lille havfrue var aldrig gået den vej før
Neither flowers nor grass grew where she was going
Der voksede hverken blomster eller græs, hvor hun skulle hen
there was nothing but bare, gray, sandy ground
der var ikke andet end bar, grå sandet jord
this barren land stretched out to the whirlpool
dette golde land strakte sig ud til boblebadet
the water was like foaming mill wheels
vandet var som skummende møllehjul
and the whirlpools seized everything that came within reach
og hvirvlerne greb alt, hvad der kom inden for rækkevidde
the whirlpools cast their prey into the fathomless deep
hvirvlerne kaster deres bytte ud i det fattede dyb
Through these crushing whirlpools she had to pass
Gennem disse knusende hvirvler måtte hun passere
only then could she reach the dominions of the sea witch
først da kunne hun nå havheksens herredømme
after this came a stretch of warm, bubbling mire
herefter kom et stykke varmt, boblende mos
the sea witch called the bubbling mire her turf moor
havheksen kaldte den boblende mose for sin tørvmose

Beyond her turf moor was the witch's house
Ud over hendes græstørv lå heksens hus
her house stood in the centre of a strange forest
hendes hus stod midt i en fremmed skov

in this forest all the trees and flowers were polypi
i denne skov var alle træer og blomster polypi
but they were only half plant; the other half was animal
men de var kun halvplante; den anden halvdel var dyr
They looked like serpents with a hundred heads
De lignede slanger med hundrede hoveder
and each serpent was growing out of the ground
og hver slange voksede op af jorden
Their branches were long, slimy arms
Deres grene var lange, slimede arme
and they had fingers like flexible worms
og de havde fingre som fleksible orme
each of their limbs, from the root to the top, moved
hver af deres lemmer, fra roden til toppen, bevægede sig
All that could be reached in the sea they seized upon
Alt hvad der kunne nås i havet greb de
and what they caught they held on tightly to
og hvad de fangede holdt de godt fast i
so that what they caught never escaped from their clutches
så det, de fangede, aldrig slap ud af deres kløer

The little mermaid was alarmed at what she saw
Den lille havfrue blev forskrækket over, hvad hun så
she stood still and her heart beat with fear
hun stod stille og hendes hjerte bankede af frygt
She came very close to turning back
Hun var meget tæt på at vende tilbage
but she thought of the beautiful prince
men hun tænkte på den smukke prins
and she thought of the human soul for which she longed
og hun tænkte på den menneskelige sjæl, som hun længtes efter
with these thoughts her courage returned
med disse tanker vendte hendes mod tilbage
She fastened her long, flowing hair round her head
Hun spændte sit lange, flydende hår om hovedet

so that the polypi could not grab hold of her hair
så polypien ikke kunne få fat i hendes hår
and she crossed her hands across her bosom
og hun krydsede sine hænder over sin barm
and then she darted forward like a fish through the water
og så pilede hun frem som en fisk gennem vandet
between the subtle arms and fingers of the ugly polypi
mellem de subtile arme og fingre på den grimme polypi
the polypi were stretched out on each side of her
polyperne var strakt ud på hver side af hende
She saw that they all held something in their grasp
Hun så, at de alle holdt noget i deres greb
something they had seized with their numerous little arms
noget de havde grebet med deres talrige små arme
they were holding white skeletons of human beings
de holdt hvide skeletter af mennesker
sailors who had perished at sea in storms
søfolk, der var omkommet på havet i storme
sailors who had sunk down into the deep waters
søfolk, der var sunket ned i det dybe vand
and there were skeletons of land animals
og der var skeletter af landdyr
and there were oars, rudders, and chests of ships
og der var årer, ror og skibekister
There was even a little mermaid whom they had caught
Der var endda en lille havfrue, som de havde fanget
the poor mermaid must have been strangled by the hands
den stakkels havfrue må være blevet kvalt af hænderne
to her this seemed the most shocking of all
for hende virkede dette det mest chokerende af alt

finally, she came to a space of marshy ground in the woods
endelig kom hun til et rum med sumpet jord i skoven
here there were large fat water snakes rolling in the mire
her var der store fede vandslanger, der rullede i mosen
the snakes showed their ugly, drab-colored bodies

slangerne viste deres grimme, trist farvede kroppe
In the midst of this spot stood a house
Midt på dette sted stod et hus
the house was built of the bones of shipwrecked human beings
huset var bygget af knogler fra skibbrudne mennesker
and in the house sat the sea witch
og i huset sad havheksen
she was allowing a toad to eat from her mouth
hun lod en tudse spise fra hendes mund
just like when people feed a canary with pieces of sugar
ligesom når folk fodrer en kanariefugl med sukkerstykker
She called the ugly water snakes her little chickens
Hun kaldte de grimme vandslanger for sine små høns
and she allowed her little chickens to crawl all over her
og hun lod sine små høns kravle hen over hende

"I know what you want," said the sea witch
"Jeg ved, hvad du vil," sagde havheksen
"It is very stupid of you to want such a thing"
"Det er meget dumt af dig at ville sådan noget"
"but you shall have your way, however stupid it is"
"men du skal have din vilje, hvor dumt det end er"
"though your wish will bring you to sorrow, my pretty princess"
"selvom dit ønske vil bringe dig til sorg, min smukke prinsesse"
"You want to get rid of your mermaid's tail"
"Du vil gerne af med din havfrues hale"
"and you want to have two stumps instead"
"og du vil have to stubbe i stedet for"
"this will make you like the human beings on earth"
"det vil gøre dig som menneskene på jorden"
"and then the young prince might fall in love with you"
"og så bliver den unge prins måske forelsket i dig"
"and then you might have an immortal soul"

"og så har du måske en udødelig sjæl"
the witch laughed loud and disgustingly
heksen lo højt og modbydeligt
the toad and the snakes fell to the ground
tudsen og slangerne faldt til jorden
and they lay there wriggling on the floor
og de lå der og vred sig på gulvet
"You came to me just in time," said the witch
"Du kom til mig lige i tide," sagde heksen
"after sunrise tomorrow it would have been too late"
"efter solopgang i morgen ville det have været for sent"
"after tomorrow I would not have been able to help you till the end of another year"
"efter i morgen ville jeg ikke have været i stand til at hjælpe dig før udgangen af endnu et år"
"I will prepare a potion for you"
"Jeg vil tilberede en drik til dig"
"swim up to the land tomorrow, before sunrise"
"svøm op til landet i morgen, før solopgang"
"seat yourself there and drink the potion"
"sæt dig der og drik eliksiren"
"after you drink the potion your tail will disappear"
"efter du har drukket eliksiren forsvinder din hale"
"and then you will have what men call legs"
"og så vil du have, hvad mænd kalder ben"

"all will say you are the prettiest girl in the world"
"alle vil sige, du er den smukkeste pige i verden"
"but for this you will have to endure great pain"
"men for dette bliver du nødt til at udholde stor smerte"
"it will be as if a sword were passing through you"
"det vil være, som om et sværd går igennem dig"
"You will still have the same gracefulness of movement"
"Du vil stadig have den samme yndefulde bevægelse"
"it will be as if you are floating over the ground"
"det vil være, som om du svæver over jorden"

"and no dancer will ever tread as lightly as you"
"og ingen danser vil nogensinde træde så let som dig"
"but every step you take will cause you great pain"
"men hvert skridt du tager vil give dig stor smerte"
"it will be as if you were treading upon sharp knives"
"det vil være, som om du træder på skarpe knive"
"If you bear all this suffering, I will help you"
"Hvis du bærer al denne lidelse, vil jeg hjælpe dig"
the little mermaid thought of the prince
den lille havfrue tænkte på prinsen
and she thought of the happiness of an immortal soul
og hun tænkte på en udødelig sjæls lykke
"Yes, I will," said the little princess
"Ja, det vil jeg," sagde den lille prinsesse
but, as you can imagine, her voice trembled with fear
men som du kan forestille dig, rystede hendes stemme af frygt

"do not rush into this," said the witch
"hast ikke ind i dette," sagde heksen
"once you are shaped like a human, you can never return"
"når du først er formet som et menneske, kan du aldrig vende tilbage"
"and you will never again take the form of a mermaid"
"og du vil aldrig mere tage form af en havfrue"
"You will never return through the water to your sisters"
"Du vil aldrig vende tilbage gennem vandet til dine søstre"
"nor will you ever go to your father's palace again"
"Du vil aldrig tage til din fars palads igen"
"you will have to win the love of the prince"
"du bliver nødt til at vinde prinsens kærlighed"
"he must be willing to forget his father and mother for you"
"han skal være villig til at glemme sin far og mor for dig"
"and he must love you with all of his soul"
"og han skal elske dig af hele sin sjæl"
"the priest must join your hands together"
"præsten skal tage jeres hænder sammen"

"and he must make you man and wife in holy matrimony"
"og han skal gøre jer til mand og hustru i helligt ægteskab"
"only then will you have an immortal soul"
"først da vil du have en udødelig sjæl"
"but you must never allow him to marry another woman"
"men du må aldrig tillade ham at gifte sig med en anden kvinde"
"the morning after he marries another woman, your heart will break"
"morgenen efter han gifter sig med en anden kvinde, vil dit hjerte knuse"
"and you will become foam on the crest of the waves"
"og du bliver til skum på bølgetoppen"
the little mermaid became as pale as death
den lille havfrue blev bleg som døden
"I will do it," said the little mermaid
"Jeg vil gøre det," sagde den lille havfrue

"But I must be paid, also," said the witch
"Men jeg skal også have løn," sagde heksen
"and it is not a trifle that I ask for"
"og det er ikke en bagatel, jeg beder om"
"You have the sweetest voice of any who dwell here"
"Du har den sødeste stemme af alle, der bor her"
"you believe that you can charm the prince with your voice"
"du tror på, at du kan charmere prinsen med din stemme"
"But your beautiful voice you must give to me"
"Men din smukke stemme skal du give mig"
"The best thing you possess is the price of my potion"
"Det bedste du besidder er prisen på min trylledrikk"
"the potion must be mixed with my own blood"
"drikken skal blandes med mit eget blod"
"only this mixture makes the potion as sharp as a two-edged sword"
"kun denne blanding gør eliksiren så skarp som et tveægget sværd"

the little mermaid tried to object to the cost
den lille havfrue forsøgte at gøre indsigelse mod omkostningerne
"But if you take away my voice..." said the little mermaid
"Men hvis du tager min stemme..." sagde den lille havfrue
"if you take away my voice, what is left for me?"
"hvis du tager min stemme, hvad er der så tilbage til mig?"
"Your beautiful form," suggested the sea witch
"Din smukke form," foreslog havheksen
"your graceful walk, and your expressive eyes"
"din yndefulde gang og dine udtryksfulde øjne"
"Surely, with these things you can enchain a man's heart?"
"Sikkert, med disse ting kan du lænke en mands hjerte?"
"Well, have you lost your courage?" the sea witch asked
"Nå, har du mistet modet?" spurgte havheksen
"Put out your little tongue, so that I can cut it off"
"Ræk din lille tunge ud, så jeg kan skære den af"
"then you shall have the powerful potion"
"så skal du have den kraftige drik"
"It shall be," said the little mermaid
"Det skal være," sagde den lille havfrue

Then the witch placed her cauldron on the fire
Så stillede heksen sin kedel på bålet
"Cleanliness is a good thing," said the sea witch
"Renhed er en god ting," sagde havheksen
she scoured the vessels for the right snake
hun gennemsøgte karene efter den rigtige slange
all the snakes had been tied together in a large knot
alle slangerne var blevet bundet sammen i en stor knude
Then she pricked herself in the breast
Så stak hun sig selv i brystet
and she let the black blood drop into the caldron
og hun lod det sorte blod falde ned i gryden
The steam that rose twisted itself into horrible shapes

Dampen, der steg, snoede sig i forfærdelige former
no person could look at the shapes without fear
ingen person kunne se på formerne uden frygt
Every moment the witch threw new ingredients into the vessel
Hvert øjeblik kastede heksen nye ingredienser i karret
finally, with everything inside, the caldron began to boil
endelig, med alt indeni, begyndte gryden at koge
there was the sound like the weeping of a crocodile
der var lyden som en krokodilles gråd
and at last the magic potion was ready
og endelig var trylledrikken klar
despite its ingredients, the potion looked like the clearest water
på trods af dets ingredienser lignede eliksiren det klareste vand
"There it is, all for you," said the witch
"Der er den, alt for dig," sagde heksen
and then she cut off the little mermaid's tongue
og så skar hun den lille havfrues tunge af
so that the little mermaid could never again speak, nor sing again
så den lille havfrue aldrig mere kunne tale eller synge igen
"the polypi might try and grab you on the way out"
"polypien kan prøve at gribe dig på vej ud"
"if they try, throw over them a few drops of the potion"
"hvis de prøver, så smid et par dråber af eliksiren over dem"
"and their fingers will be torn into a thousand pieces"
"og deres fingre vil blive revet i tusinde stykker"
But the little mermaid had no need to do this
Men den lille havfrue havde ikke behov for at gøre dette
the polypi sprang back in terror when they saw her
polypi sprang tilbage i rædsel, da de så hende
they saw she had lost her tongue to the sea witch
de så, hun havde tabt sin tunge til havheksen
and they saw she was carrying the potion

og de så, at hun bar eliksiren
the potion shone in her hand like a twinkling star
eliksiren lyste i hendes hånd som en blinkende stjerne

So she passed quickly through the wood and the marsh
Så hun gik hurtigt gennem skoven og mosen
and she passed between the rushing whirlpools
og hun gik mellem de brusende hvirvler
soon she made her way back to the palace of her father
snart tog hun tilbage til sin fars palads
all the torches in the ballroom were extinguished
alle fakler i balsalen var slukket
all within the palace must now be asleep
alle i paladset skal nu sove
But she did not go inside to see them
Men hun gik ikke ind for at se dem
she knew she was going to leave them forever
hun vidste, at hun ville forlade dem for altid
and she knew her heart would break if she saw them
og hun vidste, at hendes hjerte ville knuse, hvis hun så dem
she went into the garden one last time
hun gik i haven en sidste gang
and she took a flower from each one of her sisters
og hun tog en blomst fra hver af sine søstre
and then she rose up through the dark-blue waters
og så rejste hun sig op gennem det mørkeblå vand

The Little Mermaid Meets the Prince
Den lille havfrue møder prinsen

the little mermaid arrived at the prince's palace
den lille havfrue ankom til prinsens palads
the sun had not yet risen from the sea
solen var endnu ikke stået op af havet
and the moon shone clear and bright in the night
og månen skinnede klart og klart om natten
the little mermaid sat at the beautiful marble steps
den lille havfrue sad ved de smukke marmortrapper
and then the little mermaid drank the magic potion
og så drak den lille havfrue trylledrikken
she felt the cut of a two-edged sword cut through her
hun mærkede snittet af et tveægget sværd skære igennem hende
and she fell into a swoon, and lay like one dead
og hun faldt i svime og lå som en død
the sun rose from the sea and shone over the land
solen stod op af havet og skinnede over landet
she recovered and felt the pain from the cut
hun kom sig og mærkede smerten fra snittet
but before her stood the handsome young prince
men foran hende stod den smukke unge prins

He fixed his coal-black eyes upon the little mermaid
Han rettede sine kulsorte øjne mod den lille havfrue
he looked so earnestly that she cast down her eyes
han så så alvorligt, at hun slog øjnene ned
and then she became aware that her fish's tail was gone
og så blev hun klar over, at hendes fisks hale var væk
she saw that she had the prettiest pair of white legs
hun så, at hun havde de smukkeste hvide ben
and she had tiny feet, as any little maiden would have
og hun havde små fødder, som enhver lille pige ville have
But, having come from the sea, she had no clothes

Men da hun kom fra havet, havde hun intet tøj
so she wrapped herself in her long, thick hair
så hun svøbte sig ind i sit lange, tykke hår
The prince asked her who she was and whence she came
Prinsen spurgte hende, hvem hun var, og hvorfra hun kom
She looked at him mildly and sorrowfully
Hun så mildt og bedrøvet på ham
but she had to answer with her deep blue eyes
men hun måtte svare med sine dybe blå øjne
because the little mermaid could not speak anymore
fordi den lille havfrue ikke kunne tale mere
He took her by the hand and led her to the palace
Han tog hende i hånden og førte hende til paladset

Every step she took was as the witch had said it would be
Hvert skridt hun tog var som heksen havde sagt det ville være
she felt as if she were treading upon sharp knives
hun følte det, som om hun trådte på skarpe knive
She bore the pain of her wish willingly, however
Hun bar dog villigt smerten af sit ønske
and she moved at the prince's side as lightly as a bubble
og hun bevægede sig ved prinsens side så let som en boble
all who saw her wondered at her graceful, swaying movements
alle, der så hende, undrede sig over hendes yndefulde, svajende bevægelser
She was very soon arrayed in costly robes of silk and muslin
Hun blev meget snart klædt i kostbare klæder af silke og muslin
and she was the most beautiful creature in the palace
og hun var det smukkeste væsen i paladset
but she appeared dumb, and could neither speak nor sing
men hun virkede stum og kunde hverken tale eller synge

there were beautiful female slaves, dressed in silk and gold
der var smukke kvindelige slaver, klædt i silke og guld

they stepped forward and sang in front of the royal family
de trådte frem og sang foran kongefamilien
each slave could sing better than the next one
hver slave kunne synge bedre end den næste
and the prince clapped his hands and smiled at her
og prinsen klappede i hænderne og smilede til hende
This was a great sorrow to the little mermaid
Dette var en stor sorg for den lille havfrue
she knew how much more sweetly she was able to sing
hun vidste, hvor meget sødere hun var i stand til at synge
"if only he knew I have given away my voice to be with him!"
"hvis bare han vidste, at jeg har givet min stemme væk for at være sammen med ham!"

there was music being played by an orchestra
der blev spillet musik af et orkester
and the slaves performed some pretty, fairy-like dances
og slaverne udførte nogle smukke, eventyrlignende danse
Then the little mermaid raised her lovely white arms
Så løftede den lille havfrue sine dejlige hvide arme
she stood on the tips of her toes like a ballerina
hun stod på tæerne som en ballerina
and she glided over the floor like a bird over water
og hun gled over gulvet som en fugl over vand
and she danced as no one yet had been able to dance
og hun dansede, da ingen endnu havde kunnet danse
At each moment her beauty was more revealed
For hvert øjeblik blev hendes skønhed mere åbenbaret
most appealing of all, to the heart, were her expressive eyes
mest tiltalende af alt, for hjertet, var hendes udtryksfulde øjne
Everyone was enchanted by her, especially the prince
Alle var fortryllet af hende, især prinsen
the prince called her his deaf little foundling
prinsen kaldte hende sit lille døve hittebarn
and she happily continued to dance, to please the prince

og hun fortsatte lykkeligt med at danse, for at behage prinsen
but we must remember the pain she endured for his pleasure
men vi må huske den smerte, hun udholdt for hans glæde
every step on the floor felt as if she trod on sharp knives
hvert skridt på gulvet føltes, som om hun trådte på skarpe knive

The prince said she should remain with him always
Prinsen sagde, at hun altid skulle blive hos ham
and she was given permission to sleep at his door
og hun fik lov til at sove ved hans dør
they brought a velvet cushion for her to lie on
de medbragte en fløjlspude, som hun kunne ligge på
and the prince had a page's dress made for her
og prinsen lod lave en pagekjole til hende
this way she could accompany him on horseback
på den måde kunne hun følge ham til hest
They rode together through the sweet-scented woods
De red sammen gennem de duftende skove
in the woods the green branches touched their shoulders
i skoven rørte de grønne grene deres skuldre
and the little birds sang among the fresh leaves
og de små fugle sang blandt de friske blade
She climbed with him to the tops of high mountains
Hun klatrede med ham til toppen af høje bjerge
and although her tender feet bled, she only smiled
og selvom hendes ømme fødder blødte, smilede hun kun
she followed him till the clouds were beneath them
hun fulgte ham, indtil skyerne var under dem
like a flock of birds flying to distant lands
som en flok fugle, der flyver til fjerne lande

when all were asleep she sat on the broad marble steps
da alle sov, sad hun på de brede marmortrapper
it eased her burning feet to bathe them in the cold water

det lettede hendes brændende fødder at bade dem i det kolde vand
It was then that she thought of all those in the sea
Det var dengang, hun tænkte på alle dem i havet
Once, during the night, her sisters came up, arm in arm
En gang i løbet af natten kom hendes søstre op, arm i arm
they sang sorrowfully as they floated on the water
de sang sorgfuldt, mens de fløcd på vandet
She beckoned to them, and they recognized her
Hun vinkede til dem, og de genkendte hende
they told her how they had grieved their youngest sister
de fortalte hende, hvordan de havde sørget over deres yngste søster
after that, they came to the same place every night
derefter kom de det samme sted hver nat
Once she saw in the distance her old grandmother
Engang så hun i det fjerne sin gamle bedstemor
she had not been to the surface of the sea for many years
hun havde ikke været på havets overflade i mange år
and the old Sea King, her father, with his crown on his head
og den gamle søkonge, hendes far, med sin krone på hovedet
he too came to where she could see him
han kom også til, hvor hun kunne se ham
They stretched out their hands towards her
De rakte hænderne ud mod hende
but they did not venture as near the land as her sisters
men de vovede sig ikke så nær landet som hendes søstre

As the days passed she loved the prince more dearly
Som dagene gik, elskede hun prinsen højere
and he loved her as one would love a little child
og han elskede hende, som man ville elske et lille barn
The thought never came to him to make her his wife
Tanken kom aldrig til ham at gøre hende til sin kone
but, unless he married her, her wish would never come true

men med mindre han giftede sig med hende, ville hendes
ønske aldrig gå i opfyldelse
unless he married her she could not receive an immortal soul
medmindre han giftede sig med hende, kunne hun ikke
modtage en udødelig sjæl
and if he married another her dreams would shatter
og hvis han giftede sig med en anden, ville hendes drømme gå
i stykker
on the morning after his marriage she would dissolve
om morgenen efter hans ægteskab ville hun opløses
and the little mermaid would become the foam of the sea
og den lille havfrue ville blive havets skum

the prince took the little mermaid in his arms
prinsen tog den lille havfrue i sine arme
and he kissed her on her forehead
og han kyssede hende på hendes pande
with her eyes she tried to ask him
med øjnene prøvede hun at spørge ham
"Do you not love me the most of them all?"
"Elsker du mig ikke mest af dem alle?"
"Yes, you are dear to me," said the prince
"Ja, du er mig kær," sagde prinsen
"because you have the best heart"
"fordi du har det bedste hjerte"
"and you are the most devoted to me"
"og du er den mest hengivne til mig"
"You are like a young maiden whom I once saw"
"Du er som en ung pige, som jeg engang så"
"but I shall never meet this young maiden again"
"men jeg skal aldrig møde denne unge pige igen"
"I was in a ship that was wrecked"
"Jeg var i et skib, der var forlist"
"and the waves cast me ashore near a holy temple"
"og bølgerne kastede mig i land nær et helligt tempel"
"at the temple several young maidens performed the service"

"ved templet udførte flere unge piger gudstjenesten"
"The youngest maiden found me on the shore"
"Den yngste jomfru fandt mig på kysten"
"and the youngest of the maidens saved my life"
"og den yngste af pigerne reddede mit liv"
"I saw her but twice," he explained
"Jeg så hende kun to gange," forklarede han
"and she is the only one in the world whom I could love"
"og hun er den eneste i verden, som jeg kunne elske"
"But you are like her," he reassured the little mermaid
"Men du er ligesom hende," beroligede han den lille havfrue
"and you have almost driven her image from my mind"
"og du har næsten fordrevet hendes billede fra mit sind"
"She belongs to the holy temple"
"Hun tilhører det hellige tempel"
"good fortune has sent you instead of her to me"
"held har sendt dig i stedet for hende til mig"
"We will never part," he comforted the little mermaid
"Vi skilles aldrig," trøstede han den lille havfrue

but the little mermaid could not help but sigh
men den lille havfrue kunne ikke lade være med at sukke
"he knows not that it was I who saved his life"
"han ved ikke, at det var mig, der reddede hans liv"
"I carried him over the sea to where the temple stands"
"Jeg bar ham over havet til hvor templet står"
"I sat beneath the foam till the human came to help him"
"Jeg sad under skummet, indtil mennesket kom for at hjælpe ham"
"I saw the pretty maiden that he loves"
"Jeg så den smukke pige, som han elsker"
"the pretty maiden that he loves more than me"
"den smukke pige, som han elsker mere end mig"
The mermaid sighed deeply, but she could not weep
Havfruen sukkede dybt, men hun kunne ikke græde
"He says the maiden belongs to the holy temple"

"Han siger, at jomfruen tilhører det hellige tempel"
"therefore she will never return to the world"
"Derfor vil hun aldrig vende tilbage til verden"
"they will meet no more," the little mermaid hoped
"de mødes ikke mere," håbede den lille havfrue
"I am by his side and see him every day"
"Jeg er ved hans side og ser ham hver dag"
"I will take care of him, and love him"
"Jeg vil tage mig af ham og elske ham"
"and I will give up my life for his sake"
"og jeg vil opgive mit liv for hans skyld"

The Day of the Wedding
Bryllupsdagen

Very soon it was said that the prince was going to marry
Meget snart blev det sagt, at prinsen skulle giftes
there was the beautiful daughter of a neighbouring king
der var den smukke datter af en nabokonge
it was said that she would be his wife
det blev sagt, at hun skulle være hans kone
for the occasion a fine ship was being fitted out
til lejligheden var et fint skib ved at blive indrettet
the prince said he intended only to visit the king
prinsen sagde, at han kun agtede at besøge kongen
they thought he was only going so as to meet the princess
de troede, at han kun gik for at møde prinsessen
The little mermaid smiled and shook her head
Den lille havfrue smilede og rystede på hovedet
She knew the prince's thoughts better than the others
Hun kendte prinsens tanker bedre end de andre

"I must travel," he had said to her
"Jeg må rejse," havde han sagt til hende
"I must see this beautiful princess"
"Jeg skal se denne smukke prinsesse"
"My parents want me to go and see her"
"Mine forældre vil have mig til at gå og se hende"
"but they will not oblige me to bring her home as my bride"
"men de vil ikke tvinge mig til at bringe hende hjem som min brud"
"you know that I cannot love her"
"du ved, at jeg ikke kan elske hende"
"because she is not like the beautiful maiden in the temple"
"fordi hun ikke er som den smukke jomfru i templet"
"the beautiful maiden whom you resemble"
"den smukke pige, som du ligner"
"If I were forced to choose a bride, I would choose you"

"Hvis jeg blev tvunget til at vælge en brud, ville jeg vælge dig"
"my deaf foundling, with those expressive eyes"
"mit døve hittebarn, med de udtryksfulde øjne"
Then he kissed her rosy mouth
Så kyssede han hendes rosenrøde mund
and he played with her long, waving hair
og han legede med hendes lange, bølgende hår
and he laid his head on her heart
og han lagde sit hoved på hendes hjerte
she dreamed of human happiness and an immortal soul
hun drømte om menneskelig lykke og en udødelig sjæl

they stood on the deck of the noble ship
de stod på dækket af det adelige skib
"You are not afraid of the sea, are you?" he said
"Du er ikke bange for havet, vel?" sagde han
the ship was to carry them to the neighbouring country
skibet skulle føre dem til nabolandet
Then he told her of storms and of calms
Så fortalte han hende om storme og stilninger
he told her of strange fishes deep beneath the water
han fortalte hende om mærkelige fisk dybt under vandet
and he told her of what the divers had seen there
og han fortalte hende, hvad dykkerne havde set der
She smiled at his descriptions, slightly amused
Hun smilede til hans beskrivelser, lidt underholdt
she knew better what wonders were at the bottom of the sea
hun vidste bedre, hvilke vidundere der var på bunden af havet

the little mermaid sat on the deck at moonlight
den lille havfrue sad på dækket ved måneskin
all on board were asleep, except the man at the helm
alle ombord sov, undtagen manden ved roret
and she gazed down through the clear water
og hun stirrede ned gennem det klare vand

She thought she could distinguish her father's castle
Hun troede, hun kunne skelne sin fars slot
and in the castle she could see her aged grandmother
og på slottet kunne hun se sin gamle bedstemor
Then her sisters came out of the waves
Så kom hendes søstre ud af bølgerne
and they gazed at their sister mournfully
og de så sørgmodigt på deres søster
She beckoned to her sisters, and smiled
Hun vinkede til sine søstre og smilede
she wanted to tell them how happy and well off she was
hun ville fortælle dem, hvor glad og godt hun havde det
But the cabin boy approached and her sisters dived down
Men hyttedrengen nærmede sig, og hendes søstre dykkede ned
he thought what he saw was the foam of the sea
han troede, at det han så var havets skum

The next morning the ship got into the harbour
Næste morgen kom skibet i havnen
they had arrived in a beautiful coastal town
de var ankommet til en smuk kystby
on their arrival they were greeted by church bells
ved deres ankomst blev de mødt af kirkeklokker
and from the high towers sounded a flourish of trumpets
og fra de høje tårne lød en opblomstring af trompeter
soldiers lined the roads through which they passed
soldater stod langs de veje, de passerede igennem
Soldiers, with flying colors and glittering bayonets
Soldater, med glans og glitrende bajonetter
Every day that they were there there was a festival
Hver dag, de var der, var der festival
balls and entertainments were organised for the event
baller og underholdning blev arrangeret til arrangementet
But the princess had not yet made her appearance
Men prinsessen var endnu ikke dukket op

she had been brought up and educated in a religious house
hun var blevet opdraget og uddannet i et religiøst hus
she was learning every royal virtue of a princess
hun lærte enhver kongelig dyd af en prinsesse

At last, the princess made her royal appearance
Endelig gjorde prinsessen sin kongelige optræden
The little mermaid was anxious to see her
Den lille havfrue var ivrig efter at se hende
she had to know whether she really was beautiful
hun måtte vide, om hun virkelig var smuk
and she was obliged to admit she really was beautiful
og hun var nødt til at indrømme, at hun virkelig var smuk
she had never seen a more perfect vision of beauty
hun havde aldrig set et mere perfekt syn på skønhed
Her skin was delicately fair
Hendes hud var sart lys
and her laughing blue eyes shone with truth and purity
og hendes leende blå øjne strålede af sandhed og renhed
"It was you," said the prince
"Det var dig," sagde prinsen
"you saved my life when I lay as if dead on the beach"
"du reddede mit liv, da jeg lå som død på stranden"
"and he held his blushing bride in his arms"
"og han holdt sin rødmende brud i sine arme"

"Oh, I am too happy!" said he to the little mermaid
"Åh, jeg er for glad!" sagde han til den lille havfrue
"my fondest hopes are now fulfilled"
"mine største håb er nu opfyldt"
"You will rejoice at my happiness"
"Du vil glæde dig over min lykke"
"because your devotion to me is great and sincere"
"fordi din hengivenhed til mig er stor og oprigtig"
The little mermaid kissed the prince's hand
Den lille havfrue kyssede prinsens hånd

and she felt as if her heart were already broken
og hun følte, som om hendes hjerte allerede var knust
the morning of his wedding was going to bring death to her
hans bryllups morgen skulle bringe døden til hende
she knew she was to become the foam of the sea
hun vidste, at hun skulle blive havets skum

the sound of the church bells rang through the town
lyden af kirkeklokkerne ringede gennem byen
the heralds rode through the town proclaiming the betrothal
Heralderne red gennem byen og forkyndte trolovelsen
Perfumed oil was burned in silver lamps on every altar
Parfumeret olie blev brændt i sølvlamper på hvert alter
The priests waved the censers over the couple
Præsterne viftede med røgelseskarrene over parret
and the bride and the bridegroom joined their hands
og bruden og brudgommen slog sig sammen
and they received the blessing of the bishop
og de modtog biskoppens velsignelse
The little mermaid was dressed in silk and gold
Den lille havfrue var klædt i silke og guld
she held up the bride's dress, in great pain
hun holdt brudens kjole op, i store smerter
but her ears heard nothing of the festive music
men hendes ører hørte intet til den festlige musik
and her eyes saw not the holy ceremony
og hendes øjne så ikke den hellige ceremoni
She thought of the night of death coming to her
Hun tænkte på, at dødsnatten kom til hende
and she mourned for all she had lost in the world
og hun sørgede over alt, hvad hun havde mistet i verden

that evening the bride and bridegroom boarded the ship
den aften gik bruden og brudgommen ombord på skibet
the ship's cannons were roaring to celebrate the event
skibets kanoner brølede for at fejre begivenheden

and all the flags of the kingdom were waving
og alle rigets flag vajede
in the centre of the ship a tent had been erected
i midten af skibet var der rejst et telt
in the tent were the sleeping couches for the newlyweds
i teltet var sovebriksene til de nygifte
the winds were favourable for navigating the calm sea
vinden var gunstig til at sejle i det stille hav
and the ship glided as smoothly as the birds of the sky
og skibet gled så jævnt som himlens fugle

When it grew dark, a number of colored lamps were lighted
Da det blev mørkt, blev en række farvede lamper tændt
the sailors and royal family danced merrily on the deck
sømændene og kongefamilien dansede lystigt på dækket
The little mermaid could not help thinking of her birthday
Den lille havfrue kunne ikke lade være med at tænke på sin fødselsdag
the day that she rose out of the sea for the first time
den dag, hun steg op af havet for første gang
similar joyful festivities were celebrated on that day
lignende glædelige festligheder blev fejret den dag
she thought about the wonder and hope she felt that day
hun tænkte på det vidunder og håb, hun følte den dag
with those pleasant memories, she too joined in the dance
med de behagelige minder, deltog hun også i dansen
on her paining feet, she poised herself in the air
på sine smertefulde fødder stillede hun sig i luften
the way a swallow poises itself when in pursued of prey
den måde en svale balancerer sig på, når den forfølges af bytte
the sailors and the servants cheered her wonderingly
sømændene og tjenestefolkene jublede hende undrende
She had never danced so gracefully before
Hun havde aldrig danset så yndefuldt før
Her tender feet felt as if cut with sharp knives
Hendes ømme fødder føltes som skåret med skarpe knive

but she cared little for the pain of her feet
men hun brød sig lidt om hendes fødders smerte
there was a much sharper pain piercing her heart
der var en meget skarpere smerte, der gennemborede hendes hjerte

She knew this was the last evening she would ever see him
Hun vidste, at det var den sidste aften, hun nogensinde ville se ham
the prince for whom she had forsaken her kindred and home
prinsen, for hvem hun havde forladt sin slægt og hjem
She had given up her beautiful voice for him
Hun havde opgivet sin smukke stemme for ham
and every day she had suffered unheard-of pain for him
og hver dag havde hun lidt uhørt smerte for ham
she suffered all this, while he knew nothing of her pain
alt dette led hun, mens han intet kendte til hendes smerte
it was the last evening she would breath the same air as him
det var den sidste aften, hun åndede den samme luft som ham
it was the last evening she would gaze on the same starry sky
det var den sidste aften, hun ville se på den samme stjernehimmel
it was the last evening she would gaze into the deep sea
det var den sidste aften, hun ville se ud i det dybe hav
it was the last evening she would gaze into the eternal night
det var den sidste aften, hun ville se ind i den evige nat
an eternal night without thoughts or dreams awaited her
en evig nat uden tanker eller drømme ventede hende
She was born without a soul, and now she could never win one
Hun blev født uden en sjæl, og nu kunne hun aldrig vinde en

All was joy and gaiety on the ship until long after midnight
Alt var glæde og munterhed på skibet indtil langt efter midnat
She smiled and danced with the others on the royal ship

Hun smilede og dansede med de andre på kongeskibet
but she danced while the thought of death was in her heart
men hun dansede, mens tanken om døden var i hendes hjerte
she had to watch the prince dance with the princess
hun skulle se prinsen danse med prinsessen
she had to watch when the prince kissed his beautiful bride
hun måtte se til, når prinsen kyssede sin smukke brud
she had to watch her play with the prince's raven hair
hun måtte se hende lege med prinsens ravnehår
and she had to watch them enter the tent, arm in arm
og hun måtte se dem gå ind i teltet, arm i arm

After the Wedding
Efter brylluppet

After they had gone all became still on board the ship
Efter at de var gået, blev alle stille om bord på skibet
only the pilot, who stood at the helm, was still awake
kun piloten, der stod ved roret, var stadig vågen
The little mermaid leaned on the edge of the vessel
Den lille havfrue lænede sig på kanten af fartøjet
she looked towards the east for the first blush of morning
hun så mod øst efter morgenens første rødme
the first ray of the dawn, which was to be her death
daggryets første stråle, som skulle blive hendes død
from far away she saw her sisters rising out of the sea
langvejs fra så hun sine søstre rejse sig op af havet
They were as pale with fear as she was
De var lige så blege af frygt, som hun var
but their beautiful hair no longer waved in the wind
men deres smukke hår bølgede ikke længere i vinden
"We have given our hair to the witch," said they
"Vi har givet vores hår til heksen," sagde de
"so that you do not have to die tonight"
"så du ikke behøver at dø i aften"
"for our hair we have obtained this knife"
"til vores hår har vi fået denne kniv"
"Before the sun rises you must use this knife"
"Før solen står op skal du bruge denne kniv"
"you must plunge the knife into the heart of the prince"
"du skal kaste kniven ind i prinsens hjerte"
"the warm blood of the prince must fall upon your feet"
"prinsens varme blod skal falde på dine fødder"
"and then your feet will grow together again"
"og så vokser dine fødder sammen igen"
"where you have legs you will have a fish's tail again"
"hvor du har ben vil du have en fiskehale igen"

"and where you were human you will once more be a mermaid"
"og hvor du var menneske, vil du igen være en havfrue"
"then you can return to live with us, under the sea"
"så kan du vende tilbage og bo hos os under havet"
"and you will be given your three hundred years of a mermaid"
"og du vil få dine tre hundrede år som en havfrue"
"and only then will you be changed into the salty sea foam"
"og først da bliver du forvandlet til det salte havskum"
"Haste, then; either he or you must die before sunrise"
"Skynd dig altså; enten skal han eller du dø før solopgang"
"our old grandmother mourns for you day and night"
"vores gamle bedstemor sørger over dig dag og nat"
"her white hair is falling out"
"hendes hvide hår falder af"
"just as our hair fell under the witch's scissors"
"ligesom vores hår faldt under heksens saks"
"Kill the prince, and come back," they begged her
"Dræb prinsen, og kom tilbage," bad de hende
"Do you not see the first red streaks in the sky?"
"Ser du ikke de første røde striber på himlen?"
"In a few minutes the sun will rise, and you will die"
"Om et par minutter vil solen stå op, og du vil dø"
having done their best, her sisters sighed deeply
efter at have gjort deres bedste, sukkede hendes søstre dybt
mournfully her sisters sank back beneath the waves
sørgmodigt sank hendes søstre tilbage under bølgerne
and the little mermaid was left with the knife in her hands
og den lille havfrue blev efterladt med kniven i hænderne

she drew back the crimson curtain of the tent
hun trak teltets karminrøde gardin tilbage
and in the tent she saw the beautiful bride
og i teltet så hun den smukke brud
her face was resting on the prince's breast

hendes ansigt hvilede på prinsens bryst
and then the little mermaid looked at the sky
og så kiggede den lille havfrue på himlen
on the horizon the rosy dawn grew brighter and brighter
i horisonten blev den rosenrøde daggry lysere og lysere
She glanced at the sharp knife in her hands
Hun kiggede på den skarpe kniv i hænderne
and again she fixed her eyes on the prince
og atter rettede hun blikket mod prinsen
She bent down and kissed his noble brow
Hun bøjede sig ned og kyssede hans ædle pande
he whispered the name of his bride in his dreams
han hviskede navnet på sin brud i sine drømme
he was dreaming of the princess he had married
han drømte om den prinsesse, han havde giftet sig med
the knife trembled in the hand of the little mermaid
kniven rystede i hånden på den lille havfrue
but she flung the knife far into the sea
men hun smed kniven langt ud i havet

where the knife fell the water turned red
hvor kniven faldt blev vandet rødt
the drops that spurted up looked like blood
dråberne, der sprøjtede op, lignede blod
She cast one last look upon the prince she loved
Hun kastede et sidste blik på den prins, hun elskede
the sun pierced the sky with its golden arrows
solen gennemborede himlen med sine gyldne pile
and she threw herself from the ship into the sea
og hun kastede sig fra Skibet i Havet
the little mermaid felt her body dissolving into foam
den lille havfrue mærkede sin krop opløses til skum
and all that rose to the surface were bubbles of air
og alt, hvad der steg op til overfladen, var luftbobler
the sun's warm rays fell upon the cold foam
solens varme stråler faldt på det kolde skum

but she did not feel as if she were dying
men hun følte ikke, som om hun var ved at dø
in a strange way she felt the warmth of the bright sun
på en mærkelig måde mærkede hun varmen fra den klare sol
she saw hundreds of beautiful transparent creatures
hun så hundredvis af smukke gennemsigtige skabninger
the creatures were floating all around her
væsnerne svævede rundt om hende
through the creatures she could see the white sails of the ships
gennem skabningerne kunne hun se skibenes hvide sejl
and between the sails of the ships she saw the red clouds in the sky
og mellem skibenes sejl så hun de røde skyer på himlen
Their speech was melodious and childlike
Deres tale var melodisk og barnlig
but their speech could not be heard by mortal ears
men deres tale kunne ikke høres af dødelige ører
nor could their bodies be seen by mortal eyes
og deres kroppe kunne heller ikke ses af dødelige øjne
The little mermaid perceived that she was like them
Den lille havfrue opfattede, at hun var ligesom dem
and she felt that she was rising higher and higher
og hun følte, at hun steg højere og højere
"Where am I?" asked she, and her voice sounded ethereal
"Hvor er jeg?" spurgte hun, og hendes stemme lød æterisk
there is no earthly music that could imitate her
der er ingen jordisk musik, der kunne efterligne hende
"you are among the daughters of the air," answered one of them
"du er blandt luftens døtre," svarede en af dem
"A mermaid has not an immortal soul"
"En havfrue har ikke en udødelig sjæl"
"nor can mermaids obtain immortal souls"
"Havfruer kan heller ikke opnå udødelige sjæle"
"unless she wins the love of a human being"

"medmindre hun vinder et menneskes kærlighed"
"on the will of another hangs her eternal destiny"
"på en andens vilje hænger hendes evige skæbne"
"like you, we do not have immortal souls either"
"ligesom dig har vi heller ikke udødelige sjæle"
"but we can obtain an immortal soul by our deeds"
"men vi kan opnå en udødelig sjæl ved vores gerninger"
"We fly to warm countries and cool the sultry air"
"Vi flyver til varme lande og afkøler den lune luft"
"the heat that destroys mankind with pestilence"
"varmen, der ødelægger menneskeheden med pest"
"We carry the perfume of the flowers"
"Vi bærer blomsternes parfume"
"and we spread health and restoration"
"og vi spreder sundhed og genopretning"

"for three hundred years we travel the world like this"
"i tre hundrede år rejser vi verden rundt på denne måde"
"in that time we strive to do all the good in our power"
"i den tid stræber vi efter at gøre alt det gode i vores magt"
"if we succeed we receive an immortal soul"
"hvis vi lykkes, modtager vi en udødelig sjæl"
"and then we too take part in the happiness of mankind"
"og så tager vi også del i menneskehedens lykke"
"You, poor little mermaid, have done your best"
"Du, stakkels lille havfrue, har gjort dit bedste"
"you have tried with your whole heart to do as we are doing"
"du har forsøgt af hele dit hjerte at gøre, som vi gør"
"You have suffered and endured an enormous pain"
"Du har lidt og udholdt en enorm smerte"
"by your good deeds you raised yourself to the spirit world"
"ved dine gode gerninger rejste du dig selv til åndeverdenen"
"and now you will live alongside us for three hundred years"
"og nu skal du leve sammen med os i tre hundrede år"
"by striving like us, you may obtain an immortal soul"
"ved at stræbe som os, kan du opnå en udødelig sjæl"

The little mermaid lifted her glorified eyes toward the sun
Den lille havfrue løftede sine glorværdige øjne mod solen
for the first time, she felt her eyes filling with tears
for første gang mærkede hun hendes øjne fyldes med tårer

On the ship she had left there was life and noise
På det skib, hun havde forladt, var der liv og larm
she saw the prince and his beautiful bride searching for her
hun så prinsen og hans smukke brud lede efter hende
Sorrowfully, they gazed at the pearly foam
De stirrede bedrøvet på perleskummet
it was as if they knew she had thrown herself into the waves
det var, som om de vidste, at hun havde kastet sig ud i bølgerne
Unseen, she kissed the forehead of the bride
Usynligt kyssede hun brudens pande
and then she rose with the other children of the air
og så rejste hun sig sammen med luftens andre børn
together they went to a rosy cloud that floated above
sammen gik de til en rosenrød sky, der svævede ovenover

"After three hundred years," one of them started explaining
"Efter tre hundrede år," begyndte en af dem at forklare
"then we shall float into the kingdom of heaven," said she
"så skal vi svæve ind i Himmeriget," sagde hun
"And we may even get there sooner," whispered a companion
"Og vi kommer måske endda før," hviskede en ledsager
"Unseen we can enter the houses where there are children"
"Uset kan vi gå ind i de huse, hvor der er børn"
"in some of the houses we find good children"
"i nogle af husene finder vi gode børn"
"these children are the joy of their parents"
"disse børn er deres forældres glæde"
"and these children deserve the love of their parents"
"og disse børn fortjener deres forældres kærlighed"

"such children shorten the time of our probation"
"sådanne børn forkorter vores prøvetid"
"The child does not know when we fly through the room"
"Barnet ved ikke, hvornår vi flyver gennem rummet"
"and they don't know that we smile with joy at their good conduct"
"og de ved ikke, at vi smiler af glæde over deres gode opførsel"
"because then our judgement comes one day sooner"
"for så kommer vores dom en dag før"
"But we see naughty and wicked children too"
"Men vi ser også frække og onde børn"
"when we see such children we shed tears of sorrow"
"Når vi ser sådanne børn, fælder vi tårer af sorg"
"and for every tear we shed a day is added to our time"
"og for hver tåre, vi fælder, lægges en dag til vores tid"

www.tranzlaty.com

www.ingramcontent.com/pod-product-compliance
Lightning Source LLC
Chambersburg PA
CBHW012007090526
44590CB00026B/3919